Cet album appartient à

........Emma..................

Colle ta photo
dans le cadre

W0182921

Plus tard, j'aimerais devenir Miss France
et représenter l'image de mon pays.
C'est pourquoi je m'engage à être polie, à avoir
l'esprit de camaraderie, et à travailler dès
aujourd'hui pour obtenir une démarche
gracieuse, et une jolie silhouette.

Signature :

Textes : Grisseaux & Delahayre
Illustrations : Anne Cresci

Novembre 2006, D.2006/0053/641
Déposé au ministère de la Justice, Paris
(loi n°49.956 du 16 juillet 1949 sur les publications destinées à la jeunesse).
Imprimé à Turnhout par Proost.

Miss France

« Miss France 2002 est... Miss Lyon ».

Lorsque j'ai entendu ces mots dans la bouche de Jean-Pierre Foucault, je crois que c'est comme si mon cœur explosait dans ma poitrine. Qui aurait pu imaginer que parmi les 45 candidates qui concouraient pour le titre, c'est moi que les téléspectateurs choisiraient. En quelques secondes toute ma vie s'est trouvée chamboulée. Tout à coup, des photographes et des journalistes étaient autour de moi pour recueillir mes impressions. C'était excitant, enivrant même ! Mais soudain j'ai ressenti la peur, l'angoisse de ne pas savoir ce qui m'attendait derrière ces montagnes de flashs et d'applaudissements...

Ce qui m'attendait : le rêve. Je me suis retrouvée dans une chambre plus grande que le salon de mes parents avec une multitude de personnes prêtes à satisfaire le moindre de mes désirs, me coiffer, m'habiller, me maquiller, me préparer à donner une interview pour le journal télévisé de Claire Chazal... Bref à m'apprendre à devenir une star... Car c'est ça être Miss France, c'est participer à des émissions de télé, être invitée dans les soirées les plus branchées, visiter plein de pays et être toujours accueillie comme une reine.

Alors si tu es toi aussi attirée par le monde des Miss et que tu rêves secrètement de devenir un jour Miss France, tu trouveras dans ce guide tous les secrets et tous les conseils pour t'y préparer, seule ou entre amies...

Sylvie Tellier, Miss France 2002

www.missfrance.fr

Miss France, c'est qui ?

Depuis
près de 60 ans,
le comité
Miss France
parcourt les provinces
françaises afin d'élire
les futures candidates
au titre fort convoité
de Miss France.

Le comité
Miss France
s'est imposé comme
une institution incontournable,
fortement appréciée des Français.
Chaque année, une ambassadrice
de la France est élue.
Miss France est le symbole
de **l'élégance**, de la **beauté**,
du savoir-vivre, de la **grâce**,
de la **gentillesse**,
de l'éducation...

♥ *Dans ce guide, Miss France te livre de nombreux secrets et conseils : beauté, mode, création... Avec les tests, quizz et jeux, amuse-toi à devenir une Miss... Dans quelques années, tu seras peut-être parmi les candidates au titre de Miss France ?... On ne sait jamais !*

Miss France, c'est toi !

Pour devenir Miss France, il faut...

des qualités, oui, mais lesquelles ?

Devenir Miss France,
c'est passer une année
riche en émotions.
Miss France
rencontre beaucoup
de gens...
et doit être **souriante** !

Miss France voyage beaucoup, et pour cela, elle apprend à parler plusieurs langues pendant son année.
Il faut aimer rencontrer les gens !
Miss France est très sollicitée et ne doit pas avoir peur de la foule !

Malgré son emploi du temps, Miss France n'est jamais fatiguée !
Il faut donc avoir une bonne santé, manger équilibré et se coucher tôt !
Etre Miss France, c'est amusant, mais c'est aussi un métier !
Car Miss France est **toujours belle** et très bien habillée !

Quizz Quizz Quizz Quizz

① Miss France symbolise...

a. La laideur
b. L'élégance
c. La vulgarité

② Miss France défile sur les podiums avec...

a. Une paire de tongs
b. Des escarpins
c. Des palmes (un masque et un tuba)

③ Miss France porte sur la tête...

a. Un béret
b. Une passoire
c. Une couronne

④ L'écharpe de Miss France se porte...

a. Sur les cheveux en serre-tête
b. Sur l'épaule en bandoulière
c. Autour du cou avec une grosse cloche

⑤ Pour être Miss France, il faut être...

a. Un garçon
b. Une tortue
c. Une fille

Résultat du Quizz :
1B, 2B,3C, 4B, 5C

Quand on devient Miss France, Qu'est-ce que ça change ?

Cela change beaucoup de choses.
Le soir de l'élection est un moment fort en émotions : tu reçois le titre, la couronne, des fleurs, des applaudissements, la joie de tes proches.
Tu es la **reine** d'un soir !
Ta vie est bouleversée !

Dès le lendemain, les photographes te réclament.
"Une star est née".
Les flashs, les interviews, les paparazzis... c'est pour toi !

Une année de folie commence...

♥ Tu vas voyager dans toute la France et à l'étranger.

♥ Tu vas rencontrer beaucoup de gens, parrainer des associations et vivre une année intense, pleine de rencontres.

♥ De jeunes couturiers et créateurs de bijoux te prêteront leurs créations les plus belles...

Waouh!!!!!!!.........

Une année de rêve et de travail où tu représenteras l'élégance, la beauté, le savoir-vivre à la française...
Une année de bonheur...

♥ *Alors n'hésite pas à participer à l'élection dans ta région...*
On ne sait jamais, la prochaine Miss France ça sera peut-être toi !!!

10 bonnes raisons de devenir Miss France

❶ Tu porteras une couronne.

② À toi les plus belles robes du soir !

③ Tu seras l'image de la France dans le monde.

❹ Tes parents seront fiers de toi !

⑤ Tu auras peut-être la chance de devenir Miss Europe.

⑥ Tu seras invitée à des bals !

❼ Tu seras comme une princesse !

❽ Tu pourras devenir Miss Monde !

❾ Tu auras plein de trucs à raconter à tes copines !

⑩ Bref, tu vivras un conte de fée !!!

Les bonnes manières

Miss France, c'est avant tout l'image
de la **beauté** et de **l'élégance**.
Alors, sais-tu ce que cela veut dire ?
Eh bien... il faut avoir de bonnes manières.
Mais, qu'est-ce que c'est au juste,
les bonnes manières ? Quelques règles simples
à respecter.

Pour t'aider à devenir, toi aussi,
une Miss, voilà quelques conseils
à suivre...

- Être **souriante**
(Tu es tellement plus jolie
qu'en faisant la tête !).
- Être bien **habillée**
et bien coiffée.

- Avoir un sac bien rangé.
- Être **disponible** pour les autres
(par exemple en proposant ton aide).

Tu vois, avoir de bonnes manières
comme Miss France, c'est simple !

de Miss France

Miss France
est toujours **belle
et élégante.**
Et pour le rester,
il vaut mieux éviter
certaines choses.

Quelques règles simples à respecter :

☆ Avoir une **tenue correcte** (Miss France ne montre pas son ventre en portant des tenues trop courtes). N'oublie pas qu'elle incarne le chic français !

☆ Ne pas mâcher de chewing-gum (Ce n'est pas élégant !).

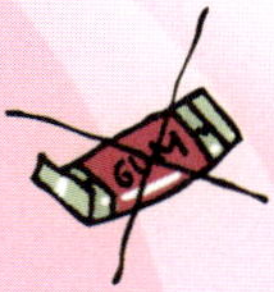

☆ Ne pas dire de gros mots. Miss France n'est jamais vulgaire.

☆ Penser à **faire plaisir** aux autres, pour rendre la vie plus agréable à tout le monde !

Le métier de Miss France, c'est quoi ?

Être Miss France, c'est un vrai **travail** à plein temps !

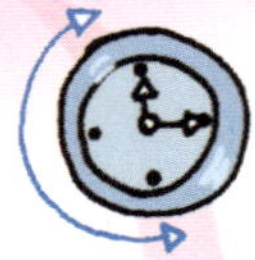

Souvent en représentation, Miss France est toujours **souriante** et **agréable.** Si le jury l'a choisie, c'est parce qu'elle possède ce "petit truc en plus" qui fait qu'on ne regarde qu'elle !

Miss France représente la France. Elle fait des **interviews**, des **photos**, des **reportages**. Elle est très sollicitée par la presse et les journalistes !

Lors de son "règne", qui dure une année entière, elle participe à d'autres concours de beauté : Miss Europe, Miss Monde et Miss Univers.

Ouh ! Pas facile à suivre, la Miss !

Combien de temps garde-t-on le titre de Miss France ?

Pendant toute une année, Miss France est l'ambassadrice de la France, elle représente l'élégance, la beauté, le savoir-vivre, la féerie de Paris. C'est une année de rêve.

Miss France met en valeur ce que la France fait de mieux en matière de mode féminine. Elle présente les créations de jeunes couturiers ou créateurs de bijoux. Un vrai tour de France de beauté et d'élégance.

Miss France devient aussi une marraine de cœur en parrainant des associations, des œuvres caritatives. Elle donne de son temps et de son cœur, en apportant de l'aide aux personnes dans le besoin, en visitant les enfants malades, les animaux abandonnés. C'est un vrai don de soi qui apporte beaucoup.

Miss France garde son titre à vie... mais chaque année, une nouvelle Miss est élue. Une nouvelle couronne est réalisée spécialement pour elle.

LES ACCESSOIRES DE

Es-tu prête à porter
les **accessoires**
de Miss France ?

Commençons par
l'accessoire **indispensable** :
l'escarpin...

Et pourquoi l'escarpin ?...
Car l'escarpin a des talons...
et **les talons**
ont toujours fait
de **jolies jambes,**
longues et élancées.

Miss France

L'accessoire le plus important !...
C'est... c'est... **ouiiii !...**
gagné !...
La jolie **robe de soirée.**

Ne pas oublier non plus
l'écharpe Miss France.
Elle est très importante
car l'année de l'élection
y est inscrite.

Et pour couronner le tout
... la couronne
(Tu vas apprendre (page 18)
à en fabriquer une, tu peux
t'en servir ! Mais la vraie
est pas mal non plus !!!).

Et n'oublie pas...
le **sourire**, la beauté, le charme,
le maintien, **l'élégance...**
font aussi partie des accessoires
indispensables de Miss France !

Fabrique le diadème de Miss France

Il te faut une feuille cartonnée, des ciseaux, un cutter, un crayon à papier, de la colle, de la peinture, des perles et strass, un joli ruban en satin.

Dessine un diadème sur le carton.

Découpe le diadème. Attention, le cutter est à manipuler avec précaution. Tu peux te faire aider par un adulte.

Découpe encore deux petites encoches de chaque côté du diadème, pour passer le ruban comme ici.

Peinds ton diadème avec la couleur de ton choix. Attends que ta peinture soit bien sèche, puis glisse ton ruban de satin dans les quatre encoches. Fais un joli nœud à l'arrière de ta tête, et ton diadème tiendra d'une manière élégante.

Amuse-toi à coller tes strass et perles dessus.

Et voilà... Tu peux maintenant défiler comme Miss France. On dirait une vraie princesse !

Note : *Tu peux aussi utiliser une couronne de la galette des rois !*

La séance photo

C'est toi la star !

Être Miss France, c'est répondre à la demande des fans et du public... et faire la couverture des magazines !

Fais comme Miss France dans sa séance photo !

① Choisis des **vêtements** qui te mettent en valeur. Cela peut être ta tenue préférée mais tu peux aussi emprunter les vêtements de ta grande soeur, de ta maman ou d'une copine.

② Un joli **maquillage**, une belle **coiffure** ou les cheveux naturels.

③ Et maintenant... demande à quelqu'un de te prendre en photo, et... **prends la pose !**

Rigolo pour t'amuser, tu peux te prendre en photo dans un miroir ! Tu es déjà une star !

④ Prends un magazine et colle ta photo sur la couverture...

Bravo !

Tu viens de faire ta première couverture !

La célébrité

Qu'est-ce que c'est, exactement ?

Quand une inconnue est couronnée Miss France, elle ne reste plus longtemps une inconnue…

Elle **devient célèbre** du jour au lendemain !

Être connue, c'est être une **personne publique**, c'est-à-dire reconnaissable par des gens que tu ne connais pas !

Grâce aux couvertures des magazines et aux émissions de télévision, Miss France devient donc **une célébrité**.

Il faut faire alors attention à être bien entourée de sa famille et ses amis, car certaines personnes mal intentionnées peuvent vouloir devenir copines avec toi parce que tu es Miss France, une personne célèbre, et non pas uniquement parce qu'ils te trouvent sympa !

Miss France n'oublie jamais que même célèbre… elle doit **rester simple** et **surtout elle-même** !

Et c'est bien pour ça que

tout le monde aime Miss France !

Car sa beauté est naturelle, elle est vraie !

Comme elle !

Coloriage : amuse-toi à habiller Miss France

Sais-tu gérer tes émotions ?

Être Miss France, c'est vivre une année remplie de joie, de pleurs, de rires, de trac... bref, d'émotions.
Ce petit test rigolo va t'aider à savoir si tu sais maîtriser tes émotions.

① On t'annonce une super nouvelle...

◆ Tu hurles de joie.
▲ Tu te mets à pleurer comme une madeleine.
● Tu es super heureuse, une petite larme de joie perle sur ta joue.

② Tu as un trac terrible...

▲ Tes dents claquent comme si tu faisais des castagnettes.
● Tu respires par le ventre... za zen... Et ton trac se dissipe.
◆ Tu es tellement tétanisée que tu ne peux rien faire.

③ Tu t'es levée du pied gauche...

◆ Tu es tellement de mauvaise humeur que tu pourrais effrayer un pittbul.
▲ Tu te recouches, tu te relèves, et tu fais bien attention à mettre le pied droit en premier par terre.
● Tu préviens ton entourage que tu es légèrement de mauvais poil aujourd'hui... alors, attention !

Test Test Test Test Test

④ Un garçon hyper canon t'offre des fleurs…

▲ Tu bafouilles, deviens rouge écarlate, tu transpires à grosses gouttes.

● Tu lui fais un grand sourire et tu le remercies, même si ton coeur bat à cent mille à l'heure.

◆ Tu éternues violemment en lui envoyant des postillons car tu es allergique au pollen !

Résultat du test :

Un "max" de ●

Bravo, tu sais gérer tes émotions au mieux. Tu es faite pour être la future Miss France. Vite, inscris-toi… Et on sera tous là pour t'applaudir quand tu défileras avec le ruban de ta région…

Un "max" de ▲

Encore un petit effort, tu y es presque… Question gestion de tes émotions, ce n'est pas encore tout à fait ça… Je pense que si tu recevais la couronne de Miss France, tu te mettrais à trembler comme une feuille. Et poser une couronne sur une tête tremblante, ça ne tient pas !

Un "max" de ◆

Inutile d'insister, tu ne sais vraiment pas gérer tes émotions… Prends des cours de za zen, de yoga et de concentration émotionnelle avant de te présenter au concours Miss France. Autrement, tu cours à la catastrophe !

Trouve 7 différences entre ces deux images.

Une belle allure

As-tu remarqué combien les **danseuses** ont toujours un joli port de tête et une **belle allure** ?

Comme Miss France, elles font très attention à leur **maintien.** Se tenir droite est très important pour avoir une jolie silhouette !

← Observe bien la position de cette demoiselle : elle ne se tient pas droite.

Prends l'habitude de redresser ton dos et toi aussi tu auras une **jolie silhouette** comme Miss France.

Conseil de Miss :
Fais ces exercices faciles pour tester ton maintien.

★ Marche avec un dictionnaire sur la tête : s'il tombe, c'est que tu ne te tiens pas droite !

★ Quand tu fais tes devoirs, ou lorsque tu es assise en classe, pense à bien dégager tes épaules. Tu dois sentir comme un fil qui te tire vers le haut.

★ Enfin, demande à tes parents de t'inscrire à un cours de danse classique. C'est un très bon exercice pour une future Miss France !

Relooke ton maillot de bain

Il te faut un maillot de bain une pièce, une grande bande de satin, des feutres pour tissus, des aiguilles et du fil blanc.

Dessine, à gauche du ruban, le symbole de Miss France.

D'une jolie écriture, écris
miss FRANCE 2006
sur ton ruban.

Couds ton ruban de satin de la bretelle gauche de ton maillot jusqu'au bas à droite. Cela donnera l'impression que l'écharpe Miss France est posée sur ton maillot.

Et voilà, tu es prête à recevoir la couronne que tu as fabriquée page 18.

La garde-robe Miss France

la journée

Tu l'as remarqué, Miss France est toujours très bien habillée et très **féminine** ! Tu ne verras jamais Miss France en tenue **débraillée**. La journée, Miss France est aussi **chic** que le soir !

Voici une **tenue** de Miss France pour la journée. Observons attentivement…

♥ Des **escarpins** :
Miss France ne met jamais de chaussures plates. Elle porte des talons hauts parce qu'ils font une très jolie **silhouette**.

♥ Une **coiffure** impeccable :
Miss France est toujours bien coiffée. Elle n'a jamais les **cheveux** "en bataille".

♥ Une **veste** cintrée :
elle accentue la **finesse** de la taille.

♥ Une **jolie jupe** :
elle suit les formes des belles jambes de Miss France ! C'est un indispensable… assorti à la veste, bien entendu !

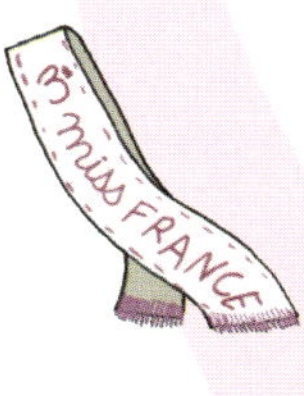

♥ Et puis le **sourire** : le "plus" beauté de Miss France !

♥ Sans oublier son écharpe…

La garde robe Miss France

le soir

Miss France est souvent sollicitée pour de nombreuses soirées. Pas facile de choisir parmi toutes les **invitations** ! Mais quelle que soit la soirée, Miss France doit faire **honneur** à son statut pour représenter le mieux possible son pays !

♥ La **règle de base** pour le soir : une femme est toujours plus belle avec une belle robe et des talons hauts ! La nuit tombée, tout semble magique, et on peut tout se permettre ! Un maquillage sophistiqué, une coiffure originale comme un beau chignon...

♥ Les **indispensables** :

- ♥ une robe du soir de princesse
- ♥ des talons hauts
- ♥ un collier de diamants
- ♥ un petit sac à main... pour y glisser son rouge à lèvres et son poudrier !

La fête peut commencer !

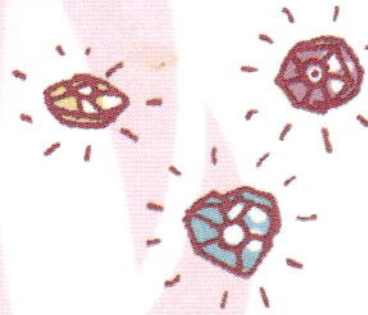

Mais, attention ! Pour être aussi jolie, Miss France ne se couche pas trop tard !

Jeu Jeu Jeu Jeu Jeu

Certains chapeaux ne sont pas du tout du style de ceux de Madame de Fontenay. Retrouve-les !

La beauté intérieure

Quand c'est bon pour la **santé**, c'est bien pour la **beauté** !

Entre les **interviews**, les **voyages** et les séances de **photo**, Miss France doit être toujours en forme !

Garder le **sourire** en toute occasion, c'est la mission pas si impossible que ça de notre Miss !

Avant tout, pour être en forme, il faut **manger équilibré**.

Une alimentation équilibrée permet au corps de recevoir toutes les **vitamines** nécessaires pour bien grandir et être en forme ! Il faut donc **manger** un peu de tout !

Quand on fait un **régime**, on diminue l'apport des calories pour perdre du poids. On fait attention à ce qu'on mange. On évite les graisses (frites, beignets, gâteaux au chocolat...) et on privilégie les **crudités**, les **légumes** vapeurs et les **laitages**, sans oublier les **protéines** contenues dans la viande ou le poulet.

On peut se faire aider par un médecin spécialiste pour perdre du poids tout en gardant la forme : un **nutritionniste**.

Le secret de Miss France.

Avoir une alimentation saine et équilibrée permet d'avoir un joli teint !

La liste noire des aliments

Eh oui, c'est trop bon ! Mais... trop riche !

D'une manière générale, il faut éviter de manger les aliments suivants, trop riches en graisse ou en sucre :

Secret de Miss :
Si tu as vraiment une envie terrible de manger un de ces aliments, vas-y, ne te prive pas. Mais manges-en peu et pense à ta santé !

Avant de manger quelque chose, ou de grignoter, demande-toi toujours si tu as vraiment faim !

Relooke ta robe pour en faire une super robe de soirée

Il te faut une **robe** toute simple, des morceaux de **tissus** de différentes couleurs, des **ciseaux**, du **fil** et une **aiguille** à coudre, des **paillettes.**

Découpe dans tes morceaux de tissus une dizaine de fleurs de tissu de 8 centimètres de diamètre.

Couds tes fleurs sur le bas de ta robe.

Tu peux coudre des **paillettes** au centre de la fleur, pour faire le coeur.

Et voilà, tu seras la plus belle pour aller danser !

Des mains de rêve !

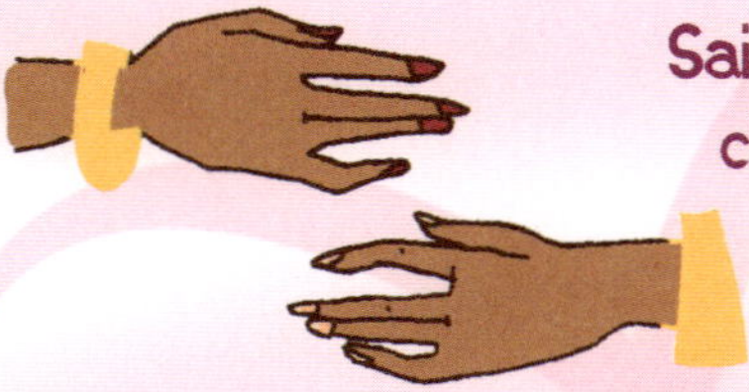

Sais-tu que pour **Miss France**,
chaque détail compte ?
Avoir de **jolies mains**
et de **beaux ongles**,
c'est important.

Toi aussi, tu veux être belle jusqu'au bout des ongles ? Alors suis avec nous les conseils de Miss France !

✯ **Coupe** tes ongles avec une paire de petits ciseaux pour qu'ils soient tous à la même hauteur.

Astuce de Miss :
Base-toi sur ton ongle le plus court pour un joli résultat !

✯ **Lime** tes ongles coupés en leur donnant une jolie forme arrondie.

Maintenant tu peux choisir la couleur de vernis que tu préfères !

Astuce de Miss :
Pense aux mini bouteilles de vernis, pratiques, tu pourras changer souvent de couleur sur tes ongles !

★ **Passe une première couche** de vernis.
Attention ! Ne mets pas trop de vernis sur ton pinceau !
Il faut que ce soit léger !

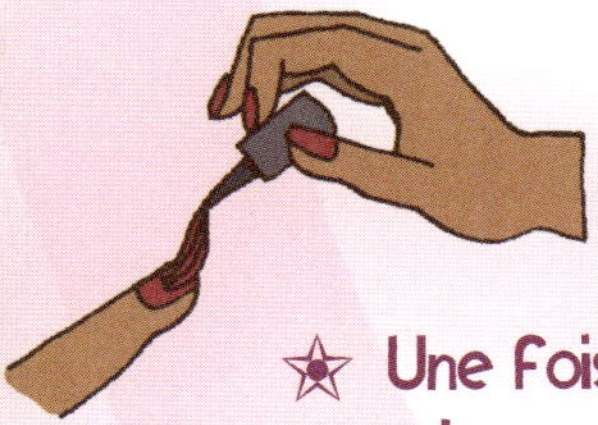

★ **Fais sécher** ton vernis pendant quelques minutes.

★ Une fois sec, **passe une deuxième couche,** pour que ton vernis tienne plus longtemps !

Et voilà le résultat ! Tu as de jolies mains !
Tu es belle jusqu'au bout des ongles !
Facile, non ?

Le secret de Miss :

Pendant que ton vernis sèche, profites-en pour te détendre... Allonge-toi et rêve que tu es sur la plage par exemple ! Ou avec le garçon de tes rêves... qui admire tes jolies mains ! Attention : ne fais rien avec tes mains tant que ton vernis n'est pas sec ! Sinon tu risques de l'abîmer !!!

Aide Miss France à faire sa valise

Dresse la liste des objets qu'elle n'emporte pas dans ses bagages.

Réponses : 2. 4. 8. 10. 13. 14. 15. 16.

Le maquillage de Miss France

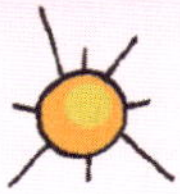

Le jour

Miss France a un emploi du temps très chargé ! Un agenda surbooké et pas une minute à elle...

Mais comment fait-elle pour être toujours aussi jolie ? Elle a des secrets de beauté que nous allons te révéler, mais ... Chuuut ! Garde-les pour toi !

La journée, le maquillage doit être léger, tout en mettant certaines parties du visage en valeur... Pas facile !

Après avoir appliqué une **crème de jour** pour protéger sa peau des agressions extérieures, Miss France applique un **fond de teint** qui correspond à la couleur de sa peau. Il ne doit surtout pas se voir !

- ♥ Un léger nuage de **poudre**
- ♥ Du **fard à joue** sur les **pommettes** appliqué au pinceau
- ♥ Un peu de **mascara** pour allonger les cils...
- ♥ Et pour finir, du **gloss brillant** sur les lèvres.

Astuce de Miss :

Pour la journée, ne pas charger son maquillage avec des couleurs vives sur les yeux ou du rouge à lèvres très rouge... Ils sont réservés pour le soir !

Le maquillage de Miss France

Le soir

Le soir, Miss France est l'objet de tous les regards… célébrité oblige ! Et pour aller avec sa sublime robe, Miss France se maquille **glamour** !

Les **indispensables** :

- ♥Un **rouge à lèvres** très rouge… appliqué au pinceau.
- ♥Un **crayon noir** pour le contour des yeux… pour bien dessiner l'œil.
- ♥Une **ombre à paupières** foncée (la touche ultra glamour).

- ♥Du **mascara noir**… pour renforcer le regard.

- ♥Du **fard à joue**… juste un peu pour mettre l'accent sur le regard et la bouche).
- ♥Un **crayon à sourcils**… pour un joli sourcil.
- ♥Du **parfum**… pour le plaisir !

Et de la bonne humeur… pour faire la fête !

Secret de Miss:

Avec la plus belle robe du monde, et un maquillage de star, Miss France n'oublie jamais que le vrai secret pour bien s'amuser et faire la fête, c'est avant tout le sourire et la bonne humeur !

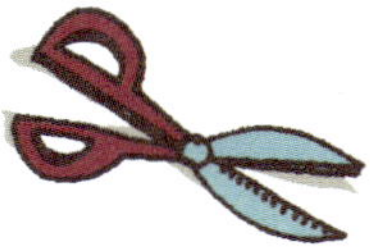

Fabrique-toi une super trousse de maquillage

Il te faut une **trousse** toute simple, une plaque de **mousse** (de couleur rose de préférence, c'est plus "girly" !), un feutre à paillettes, des **paillettes**, de la **colle** en bombe, de la colle, un petit **miroir** (que tu peux trouver sur une petite boîte de fard à joues).

Découpe des étoiles dans ta plaque de mousse (tu en trouveras dans les boutiques de bricolage ou de papeterie).

Recouvre tes étoiles de colle en bombe, puis saupoudre tes paillettes dessus.

Colle tes étoiles sur ta trousse.

Découpe une étoile plus grande, colle dessus ton petit miroir.

Colle ta grosse étoile parmi les petites étoiles.

Avec ton feutre à paillettes, tu peux inscrire sur ta trousse :

Miss (suivi de ton prénom).

Et voilà, tu as une trousse de maquillage de star... Tu scintilleras toute la nuit.

Offre à Miss France un gros bouquet de fleurs

Trouve le chemin qui mène le bouquet de fleurs à Miss France.

Les 7 clés de la réussite

❶ Avoir confiance en soi

L'élection de Miss France est remplie d'émotions. Pour arriver au bout des épreuves, tu ne dois jamais te décourager.

② Se sentir bien dans son corps

Pour cela, il faut manger équilibré, avoir une bonne hygiène de vie et un bon sommeil.

③ Contrôler son stress

Il existe un bon et un mauvais stress, le bon donne de l'énergie, et le mauvais, fait perdre tous ses moyens. Pour bien gérer le mauvais stress, le yoga et la méditation sont efficaces.

❹ Savoir écouter les autres

Quand on est une Miss, il faut être toujours attentive aux autres, savoir les écouter et les aider.

⑤ Avoir une organisation du tonnerre

L'agenda de Miss France est très chargé. Pour bien tenir le cap, une Miss doit être super organisée, bien noter l'heure de ses rendez-vous, et ne rien oublier !

⑥ Ne jamais abandonner son objectif

Pour cela, il faut un mental en béton, avoir un but et y tenir jusqu'au bout sans jamais se décourager. C'est la force intérieure.

❼ Se sentir au top dans sa tête

"Être bien dans sa tête" signifie être heureuse de vivre, aimer ce que l'on fait. Avoir une passion (la lecture, la peinture, la natation, l'équitation, etc.) permet de se sentir bien.

Les secrets de beauté d'une Miss

Une Miss doit être **belle** et **pimpante**
tout au long de la journée !
Mais... comment fait-elle ?

Son secret ?

Elle a toujours sur elle **une petite trousse de beauté** de premier secours qu'elle glisse dans son sac à main...

Astuce de Miss :

Choisis une trousse de maquillage super jolie, avec des belles couleurs ! Comme cela, tu la trouveras tout de suite dans ton sac !

La trousse de Miss France

- Un **poudrier** compact avec son miroir de poche, pour se repoudrer en toute occasion et garder le teint frais.
- Un **rouge à lèvres**, pour avoir une belle bouche bien dessinée.

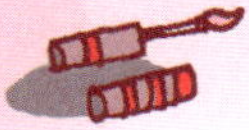

- Un **fard à joue**, pour avoir bonne mine.
- Du **parfum**, pour sentir bon.

- Une petite **brosse à cheveux**, pour avoir de beaux cheveux bien lisses et peignés toute la journée.

Et n'oublie pas… être belle, c'est bien, mais une Miss doit aussi être **souriante** tout au long de la journée ! La bonne humeur, c'est un vrai secret de beauté de Miss !

Test Test Test Test Test

Quizz des régions

① Dans cette région, l'animal fétiche est la cigogne, c'est :

a. La Bretagne
b. La Lorraine
c. L'Alsace

② On adore les crêpes et le cidre...

a. En Bourgogne
b. En Région Centre
c. En Bretagne

③ Cette région est célèbre pour ses volcans.

a. Le Poitou-Charentes
b. L'Auvergne
c. La Provence

④ Dans cette région, le Père Noël arrive au beau milieu de l'été.

a. La Polynésie
b. La Normandie
c. Le Midi-Pyrénées

⑤ Cette région a le nom d'une boisson pleine de bulles

a. La Limonade
b. La Champagne
c. La Soda

Réponses : 1c. 2c. 3b. 4a. 5b.

Coloriage : amuse-toi à maquiller Miss France

Es-tu prête à voyager ?

① On te propose de partir sur une île au soleil. Immédiatement ! Là, tout de suite...

● Ben ? Euh !... Ch'ai pas... Euh !... Ton indécision te fait perdre du temps... Ton avion a déjà décollé quand tu te décides enfin !

▲ Tu ne perds pas un instant, et tu pars comme ça, sans valise... Ce n'est pas grave, sur une île, tu n'as besoin de rien !

◆ La proposition est alléchante... Tu préviens tes parents, tu prépares rapidement ta valise et hop !... à l'aéroport.

② C'est quoi pour toi une valise ?

● C'est pas le truc qu'on a sous les yeux quand on est fatigué ???

◆ Valise... Ce mot te fait rêver et te transporte déjà ailleurs !!!

▲ Une seule valise ??? C'est mission impossible pour toi ! Il t'en faut au moins trois ou quatre... Une pour tes chaussures, une pour tes robes, une pour tes accessoires... Bon, j'arrête là... Car il en reste encore beaucoup.

Test Test Test Test

③ Et l'avion dans tout ça ?

◆ Tu adores voler dans les nuages. Décollage, atterrissage… une vraie fête !

● Euh !… Vous pouvez répéter la question ???…

▲ Bof… Tu évites d'y penser à l'avance. Pendant le vol, tu fais du yoga et tu essayes de dormir. Mais bon… c'est le moyen de transport le plus rapide !

④ Le mot « voyage », ça t'inspire ?

● Tu détestes ce mot. Pour toi, c'est synonyme de voyage organisé et de visites interminables.

▲ Voyage… Ces six lettres te font penser à l'exotisme, aux palmiers, aux découvertes de nouveaux horizons… Waouh !… Le rêve, quoi !

◆ Tu es folle de joie. Ta phrase fétiche est : « les voyages forment la jeunesse ».

Résultat du test :

Un "max" de ●

Tu n'es pas vraiment prête à voyager toi, dis donc !!! C'est pourtant génial de voyager… Va falloir que tu fasses des progrès si tu veux devenir Miss France…

Un "max" de ▲

Mouais… On ne peut pas vraiment dire que tu sois une pro du voyage. Il va falloir que tu prennes des cours de rattrapage. Parce que je ne sais pas si tu es au courant, mais Miss France voyage souvent.

Un "max" de ◆

La reine du voyage, c'est toi… Bravo ! Tu peux devenir Miss France et préparer ta valise… Embarquement immédiat ! Vrouuuuuuuuuuu !

Jeu Jeu Jeu Jeu

La grille Mystère

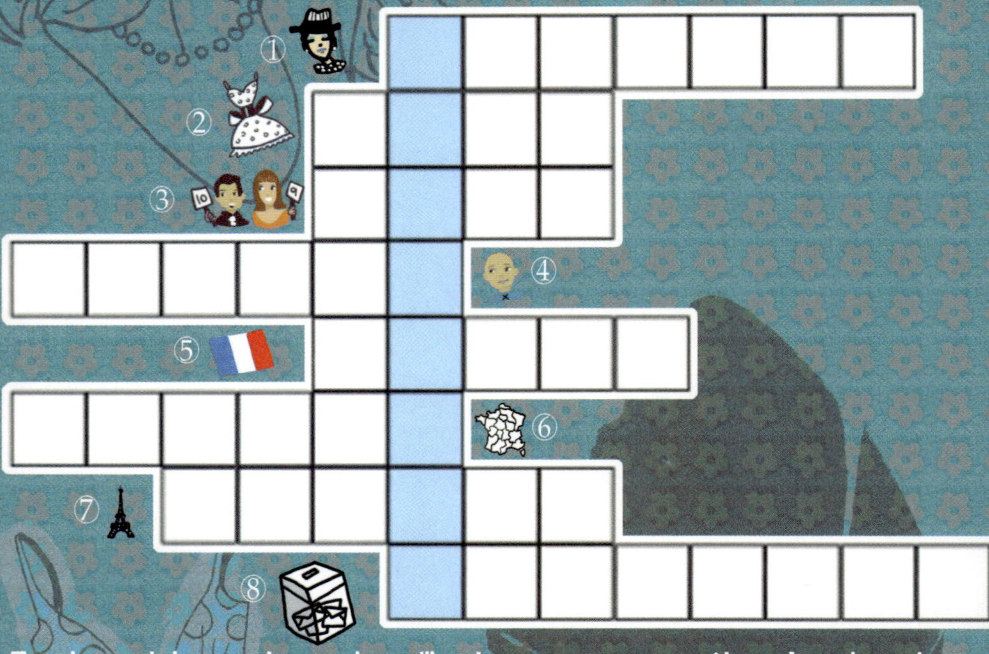

En plaçant les mots sur la grille, tu verras apparaître dans la colonne bleue un accessoire essentiel de Miss France… À toi de le trouver.

Définitions :

① Madame de Fontenay en porte toujours un.
② Miss France la représente souvent en défilant.
③ Groupe de personnes qui élit Miss France.
④ Prénom du fils de Madame de Fontenay.
⑤ Une des 3 couleurs symboliques de la France
⑥ La Bretagne en est une, par exemple.
⑦ Le mot qui vient après Miss…
⑧ Moment important pour devenir Miss France.

Résultat : 1. CHAPEAU. 2. MODE. 3. JURY. 4. XAVIER.
5. ROUGE. 6. REGION. 7. FRANCE. 8. ELECTION.
Mot à trouver en verticale : COURONNE

Conseils coiffure la "queue de cheval"

Les cheveux **longs** c'est super **joli**, mais attachés c'est **top** et **hyper tendance** !

1. La version **classique** : la queue **de cheval** bien lisse.
Il faut avoir les cheveux bien propres, tu les lisses avec une **brosse**, et tu les attaches avec un joli **élastique**, simple, ou avec une **fleur**, ou un **chouchou**. Tu peux garder une **mèche** de cheveux que tu noues sur ton élastique, afin de le cacher. C'est trop joli !

2. La version **"éclatée"** : idéale pour les cheveux **bouclés** ou **frisés**.
Sur des cheveux humides, applique une **mousse coiffante**, ramène tes cheveux en queue de cheval très haute, fais tomber **quelques mèches** un peu partout pour donner un petit côté **"dompté/négligé"**.

Tu peux ajouter quelques **paillettes** sur certaines mèches, tu verras le soir pour sortir c'est très joli... ça **brille** !!!

Astuce de Miss :

Attache tes cheveux en queue de cheval basse, légèrement sur le côté. Tu verras, cela donne un petit côté star.

la trousse de coiffure idéale

Les indispensables :

Une bonne **brosse** à cheveux, un joli **peigne**, un sèche-cheveux, un fer avec plaques céramiques (génial pour lisser la chevelure), un bon **shampoing** adapté à ta nature de cheveux, une **crème** après shampoing démêlante ou un **masque** (il en existe pour tous types de cheveux, c'est nourrissant et ça redonne du tonus aux cheveux fatigués).

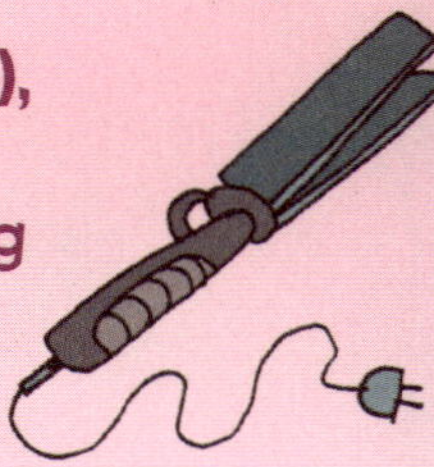

Les trucs en plus :

Un **gel** pour le soir (pour dompter certaines mèches, et faire de jolies boucles qui tiennent), des **paillettes** (pour scintiller dans les soirées), des **barrettes** ou des élastiques fantaisie (avec fleurs, billes, strass... Il en existe de toutes les sortes).

Les serre-tête

(non, ce n'est pas ringard !... Il suffit d'y apporter sa petite touche personnelle... ajouter par exemple une petite fleur, des perles...).

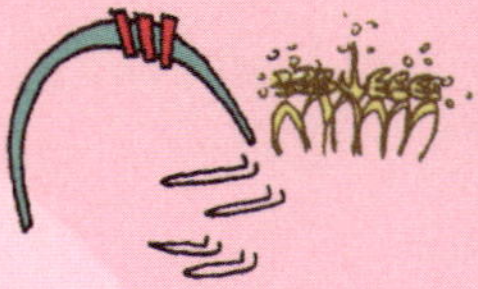

Le plus important, c'est d'avoir toujours les cheveux bien propres et bien coiffés. C'est le début d'une trousse de coiffure idéale !

Fabrique-toi deux jolies barrettes

Il te faut quelques barrettes toutes simples, de la laine, un morceau de carton, des ciseaux, de la colle, de la colle en bombe (pour coller les paillettes c'est mieux), de la feutrine, des paillettes, des coquillages.

La barrette "Atlantickchic"

Sur une barrette toute simple, **colle** de jolis coquillages que tu as rapportés de tes dernières vacances. **Donne** un petit coup de "pschitt" de colle en bombe sur les coquillages collés sur la barrette, puis **éparpille** sur les coquillages des paillettes de différentes couleurs. **Attends** que ta création soit bien sèche… Et hop ! tu as fabriqué une super barrette tendance.

La barrette "Florabella"

Dans de la feutrine de différentes couleurs, **découpe** des petites fleurs. Tu peux découper une grosse fleur et coller dessus une fleur d'une autre couleur, plus petite. **Colle** une perle au milieu pour faire le cœur. Sur une barrette toute simple, **colle** tes trois ou quatre fleurs de différentes couleurs.

… Et voilà, tu seras la plus belle pour aller danser ou te promener en ville.

Jeu Jeu Jeu Jeu Jeu

Découvre le cadeau de Miss France

Relie les chiffres de 1 à 20, les majuscules de A à E, et les minuscules de a à i.

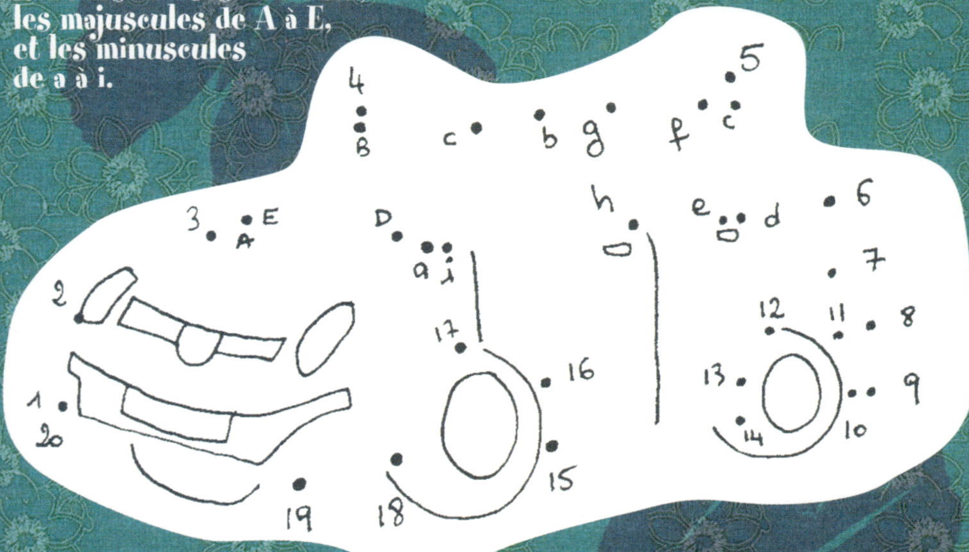

Trouve les 7 différences

Et après, que devient-on ?

Après une année **magique**, remplie de voyages, de rencontres, de joie, de travail, Miss France doit remettre son titre à la nouvelle Miss France…

Vous vous demandez ce que devient l'ancienne Miss France ? Eh bien, de nombreuses portes lui sont ouvertes. Elle peut devenir : **présentatrice** télé, d'émissions de **variété**, de sport ou autre ; **mannequin** ; **chanteuse** si elle a une jolie voix ; **styliste** ;

présidente d'associations engagées dans des **causes humanitaires**.

Elle peut **écrire** un livre ; travailler avec le comité Miss France. Continuer les activités ou les études qu'elle avait commencées avant l'élection.

C'est vrai que d'avoir été **médiatisée** pendant un an, ça aide beaucoup…

…. Mais le plus important, ce n'est pas la célébrité. C'est de vouloir **réussir sa vie** professionnelle et affective… Et se dire que l'on a passé une **année de rêve** en étant la représentante de l'élégance française…

ça c'est vraiment bien.

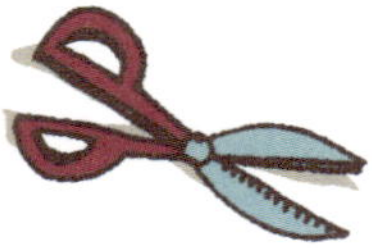

Fabrique ton sac de soirée

Il te faut un sac tout simple ou un vieux sac qui ne sert plus et **quelques accessoires...** des paillettes, des rubans, des perles...

Noue des rubans un peu partout...

Colle des paillettes sur le sac. Pour que ce soit très joli, fais attention à ne pas faire de “gros tas” de paillettes, mais de bien les répartir sur le sac. Si c’est irrégulier, c’est beau aussi, et très **à la mode** !

Fais toujours bien **attention** à ce que les **couleurs** aillent bien ensemble. Par exemple, si tu choisis la couleur bleue, prends plein de bleus différents, clairs et foncés.

Tu verras, c’est le détail qui change tout !

Passe le concours de Miss France…

… en t'amusant !

Comment jouer ?

C'est très simple ! Pour jouer à passer le concours de Miss France, il te faut... **deux participantes minimum.** Toi et une copine, par exemple. Mais vous pouvez être plus nombreuses ! Si tu as plein d'amies à la maison, pour ton anniversaire par exemple, vous pouvez aussi jouer ! Attention : prévois des maillots de bains et des robes pour tout le monde !

Avant d'être élue, il faut passer des épreuves. Eh oui ! On ne devient pas Miss d'un coup de baguette magique !

Les épreuves

Il y aura le **défilé en maillot de bain**, le **défilé en robe de soirée**, et le **discours de présentation** !
Et bien entendu, l'indispensable : la **joie** et la **bonne humeur** !

Le Jury

Si tu as invité une copine pour jouer avec toi à la maison, tu peux demander à ta maman de faire le jury... Vous défilerez devant elle !
Si ta maman est occupée, vous pouvez aussi changer les rôles... Tu es jury, ta copine est une Miss qui participe au concours... ! Et ensuite c'est à ton tour d'être Miss, et ta copine fait le jury !

À quoi sert le jury Miss France ?

C'est très simple ! Le jury est là pour choisir la future Miss France. Les membres du jury regardent très attentivement les épreuves...

... puis vote pour la candidate qu'il trouve la plus belle, la plus gentille, la plus souriante ! Il est donc indispensable pour bien juger et élire Miss France !

Première épreuve : le défilé en maillot de bain

Quel maillot de bain choisir ?

Le tien ! Celui de tes vacances, par exemple ! Tu peux aussi demander à ta maman de te prêter un joli maillot deux pièces… Si tu prévois de jouer avec une copine, n'oublie pas de lui demander d'apporter des accessoires. C'est toujours plus rigolo ! Pour faire joli, tu peux aussi porter un chapeau, des talons hauts, ou bien des colliers et des boucles d'oreilles !

Comment défiler ?

Avec de la musique ! Il faut donc choisir un morceau assez rythmé, pour pouvoir marcher en souplesse et en rythme ! Et séduire le Jury !

Bonne chance !

Deuxième épreuve : le défilé en robe longue

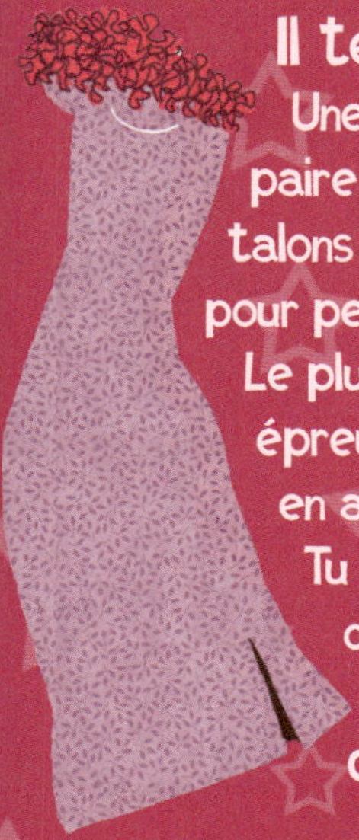

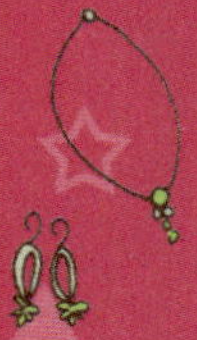

Il te faut :
Une robe longue, une paire de chaussures à talons hauts, et des accessoires pour personnaliser ta tenue.
Le plus important dans cette épreuve, c'est de mettre en avant sa **féminité** !
Tu dois montrer au jury que tu marches facilement avec une paire de talons hauts, et que tu es aussi à l'aise dans une robe longue qu'en jean !

Défile avec ta robe, sur une musique plus "douce" que celle de l'épreuve du maillot de bain. N'oublie pas : le soir, tout est plus glamour !

Troisième épreuve : le discours de présentation

Après l'épreuve du maillot de bain et de la robe longue, il reste encore une étape. La plus importante, peut-être. Tu vas devoir faire appel à ton imagination ! Cette fois, la beauté ne suffit plus !
C'est l'épreuve du **discours de présentation**.

Eh oui, pour que le jury apprenne à mieux te connaître, tu vas devoir **parler de toi en public** !

C'est en effet important pour le jury de voir si tu sais parler devant un public. Pendant son année de règne, Miss France devra être à l'aise !

En quelques minutes, tu dois donc dire **qui tu es** (où tu es née, où tu habites, etc.), **ce que tu aimes** (la mode, les animaux, rencontrer des gens, etc.), pourquoi tu veux devenir **Miss France** (pour représenter ton pays, rencontrer des gens, etc.), **ce que tu veux faire plus tard** (aider des causes humanitaires, devenir médecin, etc.)

Tu peux préparer ton discours sur une feuille de papier avec ta ou tes copines ! Entraînez-vous chacune de votre côté avant de passer l'épreuve !

Le jury délibère !

Ça y est ! Tu viens de passer le concours Miss France ! Tu peux faire une pause bien méritée en offrant à tes copines un verre d'orangeade !

Échanger vos avis, dites quelle épreuve vous a semblé la plus dure...

Pendant ce temps... le jury délibère...

Les membres du jury discutent des candidates, de celle qu'ils préfèrent. Ils échangent leurs avis. Ensuite, ils votent.

Attention : le **vote** est secret ! Celle qui aura le plus de voix sera élue Miss France !

Si tu joues et que c'est ta maman, ou une copine, qui fait le jury, faites semblant ! Ou alors, tu peux défiler deux fois en prenant un autre prénom ! C'est super rigolo aussi !

Et la gagnante est ...

Pour l'annonce du résultat, toutes les participantes doivent porter leur robe longue. Le jury arrive. Il a mis le nom de la gagnante dans une enveloppe.

Un des membres du jury se lève, ouvre l'enveloppe devant toutes les candidates et déclare :

La nouvelle Miss France est…

Inscris ici le prénom de la gagnante !

Bravo !

« Je veux être une Princesse comme MISS FRANCE », tel est le rêve exprimé par beaucoup de petites filles...

Et c'est ainsi que débute cette belle aventure vécue par de nombreuses « MISS FRANCE » qui regardaient les élections à la télévision en se disant « Pourquoi pas moi ? ». Cette élection, depuis 1947, est devenue un événement incontournable !

MISS FRANCE est la représentante d'une jeune fille intelligente, souriante, élégante, à l'écoute du public et en particulier à l'écoute des associations humanitaires et caritatives. On a constaté que le sourire de MISS FRANCE devant des enfants malades dans un hôpital les aidait beaucoup dans leur guérison.

Je vous souhaite à toutes de vivre un jour ce magnifique conte de fée : devenir MISS FRANCE.

Geneviève de Fontenay